TÚ Y TU CUERPO

TÚ Y TU CUERPO

¿Y SI TU CUERPO NO FUERA UN PROBLEMA?

KALPANA RAGHURAMAN
Editado por Monica Gilliam

AC PUBLISHING

Título original: You & Your Body
Copyright © 2024 Kalpana Raghuraman
Access Consciousness Publishing
ISBN: 978-1-63493-655-2 (tapa blanda)
ISBN: 978-1-63493-656-9 (ebook)

Tú & Tu Cuerpo
Derechos reservados© 2024 Kalpana Raghuraman
ISBN: 978-1-63493-682-8 (impreso)
ISBN: 978-1-63493-683-5 (libro electrónico)
Access Consciousness Publishing
www.acpublishing.com

Diseño de portada: Sandra Schoenmakers

Segunda edición
Primera edición, derechos reservados © 2021 de Kalpana Raghuraman, publicado por Big Moose Editorial

Este libro está dedicado a todos nuestros cuerpos.
Que podamos dar un paso más hacia el regalo que son

Tabla de Contenido

Al final del día, es el cuerpo el que nos da acceso a probar y recibir el gozo de vivir.

Así que vamos a tenerlo, ¡¿de acuerdo?!

Unas palabras de agradecimiento.

Quisiera empezar por agradecer a todas las personas que han hecho posible este libro.

En primer lugar, muchas gracias a la maravillosa Monica Gilliam. Con su toque mágico ha reunido todo el contenido, ha editado este libro de principio a fin y lo ha convertido en lo que es hoy.

A continuación, me gustaría dar las gracias a la encantadora Fay Thompson. Por su amabilidad y orientación en la creación de mi primer libro. Ella hizo posible que este libro cobrara vida.

Y luego a Sandra Schoenmakers. Ella fue la que creó las hermosas ilustraciones y coordinó la creación para este libro. También ha participado en el proceso de edición y en las traducciones. Muchas gracias a ella y a su apoyo constante.

Freeke Joan igualmente ha sido una gran contribución. Ha formado parte del proceso de edición, así como también me ha brindado su apoyo continuo. Muchas gracias a ella, por su agudeza y ligereza.

Por último, pero no por ello menos importante: mi profunda gratitud a Gary Douglas y al Dr. Dain Heer. Por su continuo apoyo e inspiración y por la inmensa riqueza que Access Consciousness supone para el mundo y para mí misma. Gracias, ¡gracias!

Me considero bendecida por estar rodeada de gente tan brillante. Estoy orgullosa de cómo ha quedado "Tú y tu cuerpo". Espero que contribuya a muchas personas en todo el mundo.

Haciendo de su cuerpo un amigo....

Introducción

¿Sabías que tu cuerpo puede darte información directamente sobre lo que funciona para él?

¿Alguna vez te has tomado un momento para preguntarle a tu cuerpo qué le gustaría?

¿Qué ropa le gustaría usar?

¿Qué comida le gustaría comer?

¿A qué personas le gustaría abrazar?

Para algunos de ustedes, esta puede ser una forma increíblemente diferente de abordar su cuerpo.

Otros pueden pensar que es una locura.

Pero realmente ¿estaría de más probarlo?

Después de todo, tu estómago te dice cuando está hambriento, y tu espalda te dice cuándo está incómoda. ¿Por qué no cultivar tus habilidades para hablar con tu cuerpo?

¿Y si el proceso de creación de un cuerpo gozoso y próspero pudiera guiarse con una herramienta simple pero transformadora: hacer preguntas?

A diferencia de la forma en la que te enseñaron a interactuar con una pregunta, la clave es no enfocarse en ninguna respuesta en particular, sino reconocer todas las diferentes respuestas que surgen. Cuando haces una pregunta, dispones de todo tipo de información. Parte de esta información puede ser cognitiva; como por ejemplo, puedes hacer una pregunta y vienen a tu mente algunas palabras o pensamientos. A veces, sin embargo, las respuestas a las preguntas que haces vienen más como una consciencia energética. Esta consciencia energética puede manifestarse como sensaciones en el cuerpo u otros tipos de "sentires". Cuando empieces a notar todas estas sensaciones e información, es posible que te sorprendas al descubrir cuánta más claridad puedes tener en tu vida diaria. Toda esta información es, en esencia, consciencia.

Tu consciencia es el tesoro dorado que puede ayudarte a crear una vida y un cuerpo que disfrutes. Como un niño que explora el mundo con "¿qué es esto?", "¿de dónde vino eso?" y "¿cómo funciona?", las preguntas pueden convertirse en tus aliadas para explorar el mundo que te rodea. Cuando abordas una pregunta con curiosidad, es posible que te sorprendas de todo lo que descubres, independientemente de lo que hayas decidido o concluido previamente.

Las decisiones, las definiciones y las conclusiones simplemente ponen fin al viaje de cambio y descubrimiento que es posible. Cuando haces una pregunta y buscas una respuesta "acertada" específica, la mayoría de las veces, comienzas a excluir todo tipo de información para que no entre en tu consciencia.

Las respuestas son las conclusiones a las que llegamos, filtrando todo lo que no coincide con lo que hemos decidido que es así. Por ejemplo, si has decidido que la respuesta para cambiar tu peso está en tu dieta, puedes pasar por alto el impacto que tienen tus relaciones en tu cuerpo.

Este libro te proporcionará muchas preguntas para hacerte a ti mismo y a tu cuerpo. El propósito de estas preguntas es que adquieras más consciencia acerca del lugar desde el que funcionas. A veces puedes descubrir que estás basando tus elecciones respecto a tu cuerpo y tu vida en un punto de vista de tu niñez, ¡un punto de vista que posiblemente necesite una actualización!

Te invito a soltar cualquiera de las ideas que has usado hasta ahora para crear tu vida (y tu cuerpo). De hecho, ¿por qué no intentarlo ahora?

¿Hay algún punto de vista al que te has aferrado acerca de tu cuerpo que no contribuya a la alegría de tu vida? ¿Cuáles son los puntos de vista que surgen de inmediato? ¿Estarías dispuesto a simplemente elegir dejarlos ir?

Cuidado. Puede ser MUCHO más fácil de lo que imaginas.

Escucha a tu cuerpo

"El cuerpo es este organismo que creamos para crear consciencia, y pocos de nosotros lo usamos así. En lugar de ver el regalo de la consciencia que nos da, seguimos intentando elegir algo que elimine eso.

¿Qué pasaría si estuvieras dispuesto a ver el regalo que tu cuerpo es para ti en lugar de ver el detrimento que es para ti?

- Gary Douglas, Fundador de Access Consciousness

Tómate un momento para imaginar tu vida sin el sentido del tacto.

¿Cómo sería?

¿Qué tal si no tuvieras sentido del gusto, el olfato, el

movimiento, la vista o el oído?

¿Te detienes alguna vez a agradecer a tu cuerpo por todo lo que contribuye a tu vida? ¿O simplemente notas cuando algo no es como te gustaría que fuera?

A medida que comienzas a reconocer la inmensa consciencia que tu cuerpo te está dando y siendo todo el tiempo, puede comenzar a cambiar más de lo que imaginas. Después de todo, estás viviendo con y a través de este cuerpo tuyo. ¿Estás dispuesto a disfrutar realmente de tu cuerpo y de la vasta presencia y conocimiento que trae? ¿O estás comprometido a luchar contra la consciencia que ofrece tu cuerpo, como si tu cuerpo fuera tu enemigo?

Desafortunadamente, muchos de nosotros hemos aprendido a denigrar y hacer patológica a nuestra consciencia, especialmente la consciencia que proviene de nuestros cuerpos en lugar de usarla para crear vidas que disfrutemos. Hemos sido como Chicken Little, llorando porque el cielo se cae cada vez que algo cae sobre nuestras cabezas.

¿Estarías dispuesto a dejar ir la idea de que todo de lo que estás siendo consciente tiene que ver contigo específicamente? Sí, incluso cuando se trata de tu cuerpo. Noticia de última hora: no todas las sensaciones de las que te alerta tu cuerpo tienen que ver con tu cuerpo. Y no siempre necesitas cambiar lo que sucede con tu cuerpo para cambiar esas sensaciones.

Digamos, por ejemplo, que estás charlando con alguien que tiene muy mal aliento. Tu nariz te da esa información. De hecho, es probable que tu olfato esté captando y respondiendo a una cantidad vertiginosa de información solamente a través del olor. Aunque eres consciente del olor, en realidad no tiene nada que ver contigo. Cepillarte los dientes no impactaría su aliento. Pero, darte cuenta de que tiene un aliento que no es agradable para ti puede abrirte diferentes elecciones. Puedes elegir permanecer un poco más lejos, o decir no gracias a esa sesión de besos que tanto le interesa.

Cualquier cosa que elijas hacer con tu consciencia es parte de la creación de la gozosa aventura que puede ser vivir. Sin embargo, cuando se trata del cuerpo, muchas personas a menudo no escuchan; por lo que identifican erróneamente y aplican mal lo que es su consciencia. Nuevamente, con el ejemplo del mal aliento, si pensabas que el mal aliento de otra persona era tuyo, podrías cepillarte los dientes todo el día sin cambiar el olor. ¿Qué tan frustrante sería eso? Si fueras tú, ¿te enfadarías algo con tu cuerpo?

Me pregunto ¿Qué harías? ¿Irías al dentista, o dejarías

de hablar con otras personas? ¿Te convencerías de que definitivamente tienes mal aliento, que solo lo notas algunas veces (como cuando ese amigo está cerca), pero estás seguro de que está ahí todo el tiempo?

Este ejemplo puede parecer una tontería, ¡pero estas son las locuras que podemos hacer! Con demasiada frecuencia, cuando nos damos cuenta de algo que no nos gusta inmediatamente, intentamos que desaparezca. Juzgamos lo que nos muestra nuestra consciencia y nos obsesionamos con detener o cambiar los síntomas de nuestra consciencia.

Y sin embargo, si consideramos nuestro cuerpo como un organismo de consciencia, ¿Qué posibilidades se abren? ¿Qué podemos empezar a permitir como consciencia a través del cuerpo?

Cuerpo,

¿qué es lo

que tienes que

decir?

PREGUNTAS PARA JUGAR

¿Qué sabes tú?
¿Qué te gustaría elegir?

¿Cuánta energía has usado para intentar NO darte cuenta de lo que te muestra tu cuerpo?

¿Has utilizado tu cuerpo como una prueba de que estás equivocado o de que él está equivocado cuando solo te da consciencia?

¿Dónde has disminuido, has rechazado, has descartado o te has resistido a tu consciencia?

¿Qué pasaría si realmente pudieras comenzar a dejar que tu consciencia fluya a través de tu cuerpo y tu mundo con mucha más facilidad?

¿Y si pudieras empezar a recibirlo todo, sin que sea un problema?

¿Qué estará disponible si dejas de estar con tu cuerpo de esta forma orientada a la resolución de problemas y a los resultados?

¿Qué pasa si, al reconocer el organismo de consciencia que es tu cuerpo, el gozo de la encarnación puede convertirse en una realidad para ti?

¿Tu cuerpo te hace acertado o equivocado?

¿Qué tiene que estar bien respecto a tu cuerpo?

¿Cuál es el peso, el tamaño o la forma adecuada para ti?

¿Quién determina eso?

Cada uno de nosotros, somos increíblemente diferentes. ¿Qué pasaría si los estándares que se nos presentan no aplicaran realmente a nuestros cuerpos individuales y únicos? La mayor parte de estos estándares, por cierto, provienen de promedios calculados mediante la recopilación de datos de un gran grupo de personas. Luego nos dan estos promedios como si nos aplicaran individualmente. Qué manera más divertida de determinar la dirección hacia la que nosotros, como individuos, debemos dirigirnos.

¿Alguno de ustedes ha convertido "el peso correcto" o "la forma y el tamaño del cuerpo correctos" en un destino, como si una vez que llegues a ese destino, TÚ finalmente estarás bien? ¿Cuál es el peso que has decidido que debes tener? Y ¿si no fuera una constante?

Yo tengo momentos más gorditos. En este momento estoy en uno de esos momentos en los que estoy un poco rellenita. Yo digo, "Está bien. Somos un poco gorditos". Es agradable y blandito. Y definitivamente es más divertido abrazarme ahora. En algunos momentos estoy más delgada. No lo veo como algo fijo. No hay un peso específico que deba tener que luego me permita ser feliz, o que ese sea el peso correcto.

¿Y si tampoco hay un peso correcto para ti?

¿Qué pasaría si simplemente pudieras elegir permitir que este punto de vista en particular comience a cambiar y dejar ir cualquier peso específico como destino?

A muchos de nosotros, simplemente, se nos han vendido fantasías sobre "lo correcto". Nos han enseñado a luchar por el cabello adecuado, la ropa correcta, el marido correcto, la novia correcta, los zapatos correctos, el coche correcto y el peso correcto. ¿Qué pasaría si pudieras simplemente soltar el dominio que esta noción de lo correcto tiene sobre ti, sobre tu vida y sobre el cuerpo que puedes crear? ¿Cuánto te han lavado el cerebro para creer que debes tener el peso correcto para estar bien, y si tienes el peso equivocado, entonces estás equivocado?

¿Estarías dispuesto, aunque sea por un momento, a dejar de lado la noción de que hay un peso, tamaño o forma correctos para ti y que tienes que hacer todo lo posible para obtener ese resultado "correcto"?

¿Estarías dispuesto a dejar ir todos los lugares en los que has aprendido que tu felicidad depende de alguna manera de que consigas el cuerpo correcto? Mientras lo haces, ¿estarías dispuesto a dejar ir también lo supuestamente "equivocado" de tu cuerpo?

En el centro del bien y del mal se encuentra el juicio. Lo acertado y lo equivocado siempre te llevan de regreso al juicio. El mundo en el que hemos crecido nos dirige continuamente a encontrar más y más formas de juzgar, tanto a nosotros mismos como a los demás. Si te tomas un momento para reconocer los juicios que te rodean, es posible que te sorprendas de lo lejos que llegan. Desde tu casa hasta tu educación, tu carrera, tus regalos navideños, existe la oportunidad de juzgar cada cosa que eliges. Todo este mundo se basa en tener que estar en lo correcto y evitar equivocarse.

¿Qué pasaría si pudieras alejarte de lo acertado y lo equivocado hacia el gozo, las posibilidades y las elecciones que están disponibles para ti con tu cuerpo, incluido tu peso, la forma de tu cuerpo y la figura de tu cuerpo?

Cuerpo, ¿de qué eres capaz?

PREGUNTAS PARA JUGAR

¿Qué sabes tú?
¿Qué te gustaría elegir?

Tómate un momento y pregúntate:

¿Dónde he aprendido o decidido que un determinado peso, forma o tamaño es la forma acertada de ser?

¿Qué opiniones y juicios tengo sobre cualquier peso, forma o tamaño que son más o menos de lo que he definido como la forma "correcta" de ser?

¿Evito estar equivocado al tener el peso, la forma o el tamaño "adecuados"?

¿Qué peso, forma o tamaño disfrutaría mi cuerpo?

¿Hay otras formas en que estoy usando mi cuerpo para determinar si estoy bien o mal?

¿Qué obtengo al etiquetar mi cuerpo como acertado o equivocado?

¿Me gustaría cambiar alguna parte de la historia acertada o equivocada que he creado (o he adquirido de alguien más) respecto a mi cuerpo?

Elegir crear con tu cuerpo

Todas y cada una de tus elecciones son creativas. Estas elecciones se crean de maneras que pueden ir más allá de la comprensión, pero definitivamente se pueden observar. A veces puedes elegir algo que cree un gran lío que aclarar. Y, otras veces, puedes hacer elecciones que creen un espacio nutritivo para que disfrutes.

Ejemplos simples de esto puede ser la elección de NO mirar si hay autos que vienen al cruzar la calle, o la elección de comer algo que huele un poco extraño en tu refrigerador. Cada uno de estos ejemplos puede resultar en muchos diferentes escenarios. Después de todo, puedes elegir y volver a elegir en cada instante. Puedes elegir saltar fuera del camino antes de que ese auto silencioso pase zumbando. O, puedes elegir escupir las sobras de esa extraña ensalada en lugar de pasar una noche larga y enferma deseando haberlo hecho.

Cualquiera de las elecciones que hagas, creará la dirección hacia la que te diriges. Tus elecciones preparan el escenario para el futuro que experimentarás. Algunas de las elecciones que hagas pueden no parecer tan obvias. Es posible que ni siquiera te des cuenta de cuándo o cómo eliges algo que tiene un gran impacto en lo que estás creando como tu vida. Por ejemplo, puedes elegir adoptar una energía que sea similar a la de tus amigos y familiares. Después de todo, encajar o "comportarse adecuadamente" es algo que se alienta y, a veces, incluso se impone en nuestro mundo. Sin embargo, sin importar las circunstancias, sigues siendo el único encargado de hacer las elecciones que haces.

Aunque pueden no ser tan obvias de inmediato, las elecciones energéticas también son creativas. Tómate un momento y reflexiona sobre tu vida. ¿Estarías dispuesto a ser vulnerable y honesto contigo mismo, y reconocer las elecciones que has hecho que han creado tanto las partes de tu vida que funcionan como las partes de tu vida que son más difíciles? Si realmente supieras que todas y cada una de las elecciones que haces están creando tu vida, ¿harías las mismas elecciones que estás haciendo ahora?

Pero espera, ¿no es este libro sobre cuerpos? ¿Cómo se aplica el poder creativo de nuestras elecciones a nuestro cuerpo? Bueno, muchos de nosotros sentimos que nuestros cuerpos son un poco una condena o un castigo, algo con lo que simplemente tenemos que lidiar.

¿Y si ese no es el caso?

¿Y si realmente elegiste la creación de tu cuerpo?

¿Qué si elegiste quién sería tu padre y quién sería tu madre, sabiendo que la sinergia de sus cuerpos al unirse crearía exactamente este cuerpo que tienes?

Si, por un momento, reconocieras incluso la posibilidad de eso, ¿cambiaría de alguna manera la sensación de ser una víctima de la creación de tu cuerpo?

Si eliges venir de la posición de "Yo creé este cuerpo", ¿podrías dejar de luchar contra él y, de hecho, divertirte con él?

PREGUNTAS PARA JUGAR

¿Qué sabes tú?
¿Qué te gustaría elegir?

Hay muchas elecciones diarias que hacemos que crean nuestros cuerpos y dan forma a los viajes que tenemos con nuestros cuerpos.

Pregúntate:

¿Qué pensamientos estoy usando para crear mi cuerpo?

¿Qué emociones estoy usando para crear mi cuerpo?

¿Qué sentimientos estoy usando para crear mi cuerpo?

¿A quién veo como modelo de cómo crear mi cuerpo?

¿Estoy copiando e imitando a otros para crear mi cuerpo?

¿Dónde puedes tener más presencia, claridad y elección con todo eso? ¿Qué pasaría si crearas un cuerpo que coincida con lo que eres? Un cuerpo que no está tan conectado con otras personas y lo que éstas han determinado que es valioso, sino más bien, uno que está conectado contigo y ¿qué te gustaría explorar con él?

¿Estás respondiendo a tu cuerpo como si fuera el resultado de todo lo que te rodea? ¿Qué pasa si empiezas a tener tu cuerpo como socio, cocreador, donde involucras a tu superpoder de elección en su creación? ¿Estarías dispuesto a incluir a tu cuerpo en su propia creación haciendo más preguntas?

Algunas preguntas que puedes hacerle a tu cuerpo son:

Oye cuerpo, ¿cómo te gustaría verte?

¿Qué podemos crear juntos?

¿Qué te gustaría comer?

¿Dónde te gustaría vivir?

¿Qué te gustaría vestir?

¿Con quién te gustaría jugar?

¿Cómo te gustaría moverte?

¿Cuáles son las posibilidades de la encarnación que todavía no he explorado?

Utiliza la información que recibas de estas preguntas para elegir. Está presente con lo que realmente te gustaría crear. Haz nuevas elecciones, si lo deseas. Luego, disfruta del viaje mientras tus elecciones guían tu creación. Después de todo, si las cosas no van en la dirección que te gusta, ¡siempre puedes elegir otra cosa!

¿Qué puede elegir, hoy y todos los días, que le permita a tu cuerpo ser todo lo que desea de inmediato?

Crear tu cuerpo desde el juicio

¿Cómo sería si dejaras ir todos los juicios que tienes sobre tu cuerpo? ¿Puedes siquiera imaginarlo? ¿Es posible que simplemente puedas elegir no juzgar más tu cuerpo? Quiero decir, ¿qué crea todo ese juicio de todos modos? ¿Los juicios que tienes actualmente de tu cuerpo te hacen sonreír? ¿Te muestran qué regalo glorioso es estar vivo? ¿Qué papel juega el juzgar tu cuerpo en tu vida?

Puedes ser alguien cuyos días están llenos de la charla de: "¡Mis pantalones están demasiado apretados!" o "Mi peso es de 69 kilos cuando en realidad debería ser de 62". Es posible que tengas todo tipo de opiniones sobre las diferentes partes de tu cuerpo, incluidas sus formas y la forma en que esas partes se mueven. No estás solo.

Lo que pasa con este mundo es que, desafortunadamente, nos han lavado el cerebro bastante para pensar que debemos juzgar nuestros cuerpos. Después de todo, todos lo hacen. Contamos chistes sobre nuestros cuerpos. Contamos chismes sobre nuestros cuerpos. Nos quejamos con nuestros médicos y amigos sobre nuestros cuerpos.

No hemos aprendido que en realidad podemos ser felices con nuestro cuerpo. Hemos aprendido que siempre hay algo mejor, y eso es lo que tenemos que buscar. Hemos aprendido a rechazar lo que tenemos y a buscar siempre lo que está afuera, lo que se supone que es mejor, lo que se supone que es lo correcto y lo que se supone que es "la cosa".

¿Has aprendido que puedes cambiar algo mediante juicios? Muy a menudo, la gente funciona desde el punto de vista de: "No me gusta. Tengo que juzgarlo", como si ese juicio cambiara algo. Quiero decir, si miras tu nariz y dices: "Oh, es tan afilada. Es tan fea". ¿Cambia? No. Lo hace aún más de eso. Crea la energía que exagera e intensifica exactamente lo que has estado juzgando. El juicio simplemente crea más juicio; no crea cambio.

El juicio es el cuchillo que la gente usa para cortarse, para destruirse a sí misma, a su cuerpo, a su belleza y a sus capacidades. ¿Estás dispuesto a ver lo que crea el juicio en tu mundo? Al final del día, tú eres quien elige juzgar lo que sea que eliges juzgar. Y tú eres el único que puede detener el juicio que perpetras sobre ti mismo.

Quizás te estés preguntando: "¿De dónde viene todo este juicio?". Bueno, están todas las proyecciones y definiciones que la gente nos lanza y que vemos a nuestro alrededor. Usamos estos puntos de vista externos como puntos de referencia de cómo deberíamos ser y cómo debería verse nuestro cuerpo. Luego, convertimos esos puntos de referencia en los estándares que alimentan nuestros juicios.

¿Cuánto te ha proyectado la gente que eres demasiado gordo, o demasiado delgado, o demasiado alto, demasiado bajo, demasiado esto, también aquello? Conozco a muchas personas cuyas madres les proyectaban cosas como: "Estás tan gordo. Ojalá estuvieras más delgado". O, "Oh, soy tan bonita. ¿Por qué eres tan feo?". O, "Te pareces a tu papá. Lo amo. Pero, él es feo".

Cuando nuestras madres, nuestros amigos y nuestro mundo entero nos envían estos mensajes, ¿es de extrañar que desarrollemos juicio e incomodidad con nuestros cuerpos? ¿Y si no tuviera que ser así para ti? ¿Y si no tuvieras que hacer lo que hacen los demás con sus cuerpos?

Permítete tener claro lo que estás diciendo en tu mundo sobre tu cuerpo. ¿Dónde estás cargando tu cuerpo con todas las energías de lo que no deseas, como si eso lo fuera a convertir en otra cosa? ¿Estás dispuesto a mirar eso? No por ningún juicio de lo que has estado haciendo, sino más por, "Oh, hacerlo de esa manera no cambia nada. ¿Qué puedo elegir ahora?" ¿Hay alguna proyección de la que hayas sido consciente que hayas hecho más verdadera que tus elecciones?

Y hablando de proyecciones, ¿cuánto de lo que les han proyectado a ti y a tu cuerpo respecto a la forma acertada o equivocada de ser son solo los puntos de vista y los juicios que tienen las personas sobre sí mismas y sobre sus propios cuerpos? ¿De dónde sacaron esos puntos de vista y juicios? ¿Será que todos hemos compartimos puntos de vista que adquirimos de alguien más sin siquiera tomarnos un momento para mirar lo que llevamos?

¿Y si todo fuera inventado? ¿Cuánto te esfuerzas en hacer coincidir lo "acertado" y lo "equivocado" con lo que inventan los demás? ¿Estarías dispuesto a dejar ir todo o parte de eso?

Ahora mismo.

Simplemente déjalo ir.

¿Suena demasiado fácil?

¿Y si realmente pudiera ser?

¿Qué pasaría si, en lugar de aferrarte a los puntos de vista de otras personas, pudieras comenzar a crear tu propio camino con tu cuerpo - un camino que funcione para ti y cambie a medida que tú y tu cuerpo cambian? ¿Serías lo suficientemente valiente como para dejar de lado las definiciones sobre tu cuerpo que te has comprado, vendido, inventado y estado sosteniendo? Por definiciones, me refiero a los ideales que nos esforzamos por lograr y los no tan ideales que nos esforzamos por evitar.

En verdad, hasta qué punto hemos buscado fuera de nosotros mismos, mirando a otras personas, otros cuerpos y otras elecciones para saber lo que podemos elegir con nuestro cuerpo? ¿qué tenemos que ser con nuestro cuerpo y qué debemos tener con nuestro cuerpo? ¿Te darías la elección y la posibilidad de dejar ir todo eso y permitir que tu cuerpo sea y se convierta en el cuerpo que realmente es, sin los juicios, las definiciones y las proyecciones?

Después de todo, tu cuerpo es TU cuerpo, tu regalo de encarnación para jugar mientras te mueves por el mundo. ¿O has entregado tu cuerpo al mundo para que te diga si está bien o mal? Para aquellos de ustedes que han hecho eso, ¿cómo sería si no tuvieran que hacerlo más? ¿Qué pasa si no hay un peso "correcto", ni una forma "correcta", ni un tamaño "correcto"? ¿Qué pasaría si solo hay lo que funciona para ti y para tu cuerpo, y te embarcas en la aventura de descubrir qué es eso en cada momento?

Entonces, ¿qué pasaría si básicamente pudieras recuperar tu cuerpo nuevamente? En lugar de dejar que otras personas te digan cómo debes cortar tu cabello, TÚ eliges el corte de tu cabello. ¡Y de alguna manera, tu cuerpo lo elige!

¿Estás dispuesto a ser diferente de una manera en la que dejes de juzgar tu cuerpo?

¿Estás dispuesto a dejar de decirle a tu cuerpo exactamente lo que no deseas que sea?

¿Estás dispuesto a dejar de utilizar los juicios que conoces como si fueran la verdad sobre ti?

¿Estás dispuesto a tener la facilidad, el gozo, la gloria, el espacio y la paz de no tener que juzgarte a ti mismo por algo que no eres y de ya no tener un destino al que debas llegar?

PREGUNTAS PARA JUGAR

¿Qué sabes tú?
¿Qué te gustaría elegir?

Tómate un momento y pregúntate:

¿Qué definiciones tengo de mi cuerpo?

¿Qué definiciones de mi cuerpo estoy usando para compararlo siempre con los cuerpos de otras personas?

¿Hay alguna definición de mi cuerpo que esté usando para tener algo que odiar, detestar, rechazar y juzgar sobre mí?

¿Utilizo alguna definición respecto a mi cuerpo para que tanto mi cuerpo como yo estemos continuamente equivocados?

Sé consciente de todo lo que surja y haz la elección de dejarlo todo si así lo deseas.

¿Qué comes?

¿Qué has aprendido sobre la comida? ¿Y dónde has aprendido todo lo que ahora consideras verdadero sobre la comida? ¿Fue de tu mamá, tu vecina, tu maestra o incluso la última revista de moda? ¿De dónde sacaron la información todas estas fuentes?

¿Has intentado alguna vez seguir una dieta en particular? ¿Cómo fue eso? ¿Descubriste nuevos alimentos y sabores que deleitaran tu cuerpo? ¿Te obligaste a comer alimentos que sabían asqueroso? ¿Comiste más o menos de lo que querías?

En estos días hay una asombrosa cantidad de filosofías y puntos de vista sobre qué, cuándo, cómo, dónde y por qué comer. Desafortunadamente, lo que una persona sugiere acerca de la comida un día puede ser contradicho por otra persona al día siguiente. ¿Qué haces cuando hay tanta información para elegir? ¿Cómo descubres lo que funcionará para ti?

¿Qué pasaría si simplemente comenzarás desde donde estás? Cuando estés comiendo, permítete tener claro lo que te está sucediendo, tanto física como energéticamente. Pregúntale a tu cuerpo qué alimentos le gustarían, cuánta comida le gustaría y cuándo. Empieza a tomar decisiones que funcionen tanto para ti como para tu cuerpo, sin lo acertado o lo equivocado de lo que podría funcionar para el cuerpo de cualquier otra persona.

Ten en cuenta que esta será una exploración continua. El antojo de tu cuerpo de un día puede cambiar al siguiente. Depende de ti hacer crecer tu presencia con tu cuerpo, descubrir en cada momento lo que creará el cuerpo y la vida que son brillantemente gozosos ... para ti.

Utiliza la siguiente sección como punto de partida para obtener más claridad sobre cómo interactúas con la comida y con comer. Sumérgete en tu curiosidad. Hazte todas y cada una de las preguntas que abran tu consciencia. Recuerda, esta es un área donde muchas personas luchan y se juzgan a sí mismas. ¿Y si pudieras ser diferente? ¿Qué pasaría si pudieras simplemente elegir, como mínimo, dejar de lado todos y cada uno de los juicios que tienes sobre la comida y la alimentación?

¿Qué pasaría si comenzaras a preguntarle a tu cuerpo qué le gustaría comer y notarás cómo responde? Esta es un área en la que podemos ser muy complicados con nosotros mismos. A veces podemos tener puntos de vista sutiles que usamos para sesgar o dirigir la información que decimos que obtenemos de nuestros cuerpos. ¡No te preocupes! Solo sigue haciendo preguntas y evita hacer conclusiones.

Hacer preguntas continuamente es una práctica que puede ser muy diferente para cada uno de nosotros. Cuantas más preguntas hagas, más consciencia obtendrás ... incluso al hacer preguntas. Sólo sigue así y permítete divertirte.

No hay necesidad de juzgarte a ti mismo. Eres un explorador. Y ahora, estás explorando tu cuerpo y el sabroso mundo de la comida.

La comida es solo comida. No es una villana ni una santa.

En cada momento puedes preguntar: "¿Esta comida va a ser un regalo para mí y para mi cuerpo, o no? ¿Es este alimento lo que mi cuerpo necesita y desea, o no?".

En resumen, pregúntale a tu cuerpo. No tengas ningún punto de vista sobre lo que dice. ¡Puede que te sorprenda! Diviértete con la sorpresa.

PREGUNTAS PARA JUGAR

¿Qué sabes tú?
¿Qué te gustaría elegir?

Permítete notar:

¿Cuáles son tus hábitos y opiniones sobre la alimentación?

¿Qué eliges comer?

¿Le preguntas a tu cuerpo qué le gustaría comer?

¿Cuándo eliges comer?

¿Siempre comes a la misma hora, tengas hambre o no?

¿Comes cuando estás aburrido? ¿Cuando estás emocional? ¿Cuando eres consciente de algo que prefieres evitar?

¿Comes para ser social?

¿Qué elecciones están disponibles para ti en relación con la comida y la alimentación que quizás no hayas reconocido?

¡No te asustes! Es solo consciencia

Cuando comiences a hacer preguntas, podrás ser más consciente de todo tipo de cosas.

¡No te asustes! Es solo consciencia. No significa nada en particular. No tienes que hacer ninguna acción establecida con tu consciencia. Simplemente puedes hacer elecciones con más información. ¡Y puedes elegir cualquier cosa! Incluso tus elecciones te darán más consciencia. Ninguna de tus elecciones necesita inamovible. Tienes el privilegio de elegir una y otra vez.

Si, a medida que comienzas a hacer más preguntas de este libro, tienes la sensación de que se están formando más juicios sobre tu cuerpo y tu peso, podrías preguntar si te estás volviendo más consciente de los juicios que otras personas tienen sobre su propio cuerpo.

¿Cuántas personas a tu alrededor en este momento están juzgando cómo se ven sus cuerpos? ¿Es posible que estés al tanto de los juicios de todos, incluso del tuyo propio, y que simplemente lo veas como información?

¿Qué pasaría si pudieras ser consciente de dónde están funcionando los demás sin tener que hacerlo tú de la misma manera? Todas estas cosas que son juicios, ¿son realmente reales o son solo los puntos de vista de alguien más que tú estás percibiendo?

¿Qué elecciones tienes disponibles a medida que te vuelves más consciente?

Encajar

Si fueras totalmente tú sin filtros, sin reglas, sin esfuerzo, sin preocupaciones, ¿encajarías? ¿Qué tan diferente eres realmente de las personas que te rodean? ¿Qué tan diferente eres de tu familia, tus amigos y tus compañeros?

¿Cuánto te has moldeado para ser como los demás para poder encajar? ¿Te has estado comparando con las personas que te rodean? ¿Qué te aportan realmente las comparaciones? ¿Y si, después de todo, estuvieras comparando manzanas con naranjas? Sí, ambas son frutas, ¡pero sus sabores son muy diferentes!

Seamos realistas, incluso si comparamos una manzana con otra, se podrían encontrar diferencias. Sin embargo, cada manzana es, de hecho, una manzana. Cada manzana es una fruta de la floración del manzano. Cada manzana está logrando ser una manzana. Solo a través de juicios basados en puntos de vista particulares, comenzamos a decir que una manzana es mejor o peor que otra. Cada manzana es una expresión de la vitalidad de la tierra y del árbol del que proviene, un regalo que puede alimentar al mundo de muchas formas.

¿Y tu cuerpo? ¿Qué regalo es tu cuerpo para el mundo? ¿Alguna vez te has detenido realmente a recibir el regalo de tu cuerpo? ¿O te has perdido al comparar, competir, medir y juzgar tu cuerpo en un esfuerzo por tener esa ilusión del cuerpo "perfecto"?

¿Qué mentiras de la "perfección" has estado utilizando para determinar si encajas o no en las normas e ideales de este mundo? Si no tuvieras esas mentiras de la perfección con las que medirte, ¿qué podrías crear con tu cuerpo? Si ya no te compraras la perfección como un destino predeterminado que debes esforzarte por alcanzar, si ya no lo hicieras real de ninguna manera, ¿qué podrías comenzar a elegir con tu cuerpo que aún no estás eligiendo?

A menudo me sorprende cómo, incluso las mismas personas que están más dispuestas a tener una vida más allá de lo acertado, lo equivocado, lo bueno, lo malo y todas las demás reglas y regulaciones de este mundo, todavía luchan por encajar en este mundo. Por un lado, pueden reconocer cuán limitados son los distintos puntos de vista que se les han dado. Pero, por otro lado, todavía les gustaría poder caber en ese vestido o pantalón más pequeño.

Las personas han determinado y decidido a qué grupos sociales pertenecen y hacen todo lo posible para asegurarse de no destacar dentro de esos grupos, ya sea en sus sistemas de creencias o en su peso. A veces, el grupo social en el que se colocan las personas es el del "intruso" o la persona sin grupo social. Todo sigue siendo un juego de categorización.

Cuerpo, ¿qué regalo eres?

PREGUNTAS PARA JUGAR

¿Qué sabes tú?
¿Qué te gustaría elegir?

¿Has decidido que "encajas"? ¿Y cómo lo estás midiendo y determinando?

¿Cuánta energía estás utilizando para medirte con los estándares de este mundo? ¿Cuánta energía estás utilizando para medir los estándares de este mundo? ¿Utilizas a tu cuerpo de alguna manera para medirte dentro o fuera de los estándares de este mundo? ¿Las medidas que utilizas determinan tu valor? Si no hubiera "acertado" o "equivocado", ¿tendrías siquiera que medir?

¿El tener un cuerpo que se ve de cierta manera te hace sentir más o menos valioso, más o menos digno de ser amado? ¿Y si pudieras seguir adelante y comenzar a amar tu cuerpo por el regalo que es, sin importar cual sea su forma, tamaño o peso?

¿Cómo usas tu peso?

¿Y si en realidad se pudiera vivir una vida de facilidad, gozo y gloria? ¿Estarías dispuesto a destacar entre la multitud como la criatura feliz y alegre que realmente puedes ser? ¿O te aferras a dolores y problemas que simplemente no te "dejan" ser feliz?

¿Qué son esas cosas molestas que te distraen de simplemente disfrutar del regalo que puede ser la vida? ¿Qué es lo que has decidido que debes superar antes de poder tener facilidad? ¿Has puesto esa carga sobre tu cuerpo?

¿Hay alguna forma en que estés usando tu peso para tener un problema? Porque todos sabemos que "todo el mundo tiene problemas". El peso es un problema muy popular. Los problemas son una maravillosa manera de distraerse. ¿Has estado usando el problema de tu cuerpo como una manera de no estar presente con algo más, alguna otra posibilidad, o consciencia? ¿Qué preguntas podrías hacer para descubrir más de lo que realmente te está sucediendo? ¿Hay algo que estás ocultando o evitando con tu peso?

En mi trabajo de facilitar a las personas y sus cuerpos, ha surgido un punto de vista muy interesante en torno al tema de cambiar la relación de las personas con el peso. Básicamente, algunas personas han compartido la sensación de que los demás no podrán lidiar con ellas si su peso ya no es un problema. Es como si estuviera casi prohibido dejar de lado tanto el peso como el problema del peso.

¿Cómo es eso para ti? ¿Tienes prohibido ser feliz con tu cuerpo? ¿Hay alguna energía en tu mundo de: "¿Está prohibido que me ame sin que me importe el peso, la forma y el tamaño de mi cuerpo"?

Si es así, ¿qué pasa si simplemente ya no tienes que creértelo?

Todos los lugares en donde recibas el mensaje de tu familia, de tu profesora de ballet, de tu escuela, de tus amigos o de cualquiera, de que no puedes agradarte a ti mismo si te ves de cierta manera, ¿estarías dispuesto a dejarlo ir? ¿Qué pasaría si esos puntos de vista y formas de relacionarte con las personas ya no tienen que ser tu problema?

¿Qué pasaría si "la gente no podría lidiar conmigo si no tengo un problema con el peso" no tuviera que ser real en tu mundo? Con demasiada frecuencia veo como la gente utiliza esto para mantener sus conexiones con otros. Por ejemplo, recientemente he tenido una cliente que me dice que el tamaño de su cuerpo le permite convivir con los novios de sus amigas sin ser percibida como una amenaza.

¿Estás creando tu cuerpo para que las personas no se sientan amenazadas ni intimidadas por ti?

¿Cuánto estás utilizando el peso de modo que las personas puedan lidiar contigo?

¿Estás dispuesto a que nadie pueda lidiar contigo?

"¡Oh! Jennifer es asombrosa. La amo. Ella es tan amable y dulce y divertida. Pero está gordita así que ahora puedo lidiar con ella un poco más ".

"Oh, Elise es asombrosa. ¿Has visto todo lo que crea? ¡Fantástico! Sin embargo, está un poco gorda".

Esto es lo que le das a las personas para que puedan lidiar contigo. ¿Y si fueras obscenamente tú? ¿Qué hay de estar fuera de control? ¿Y qué hay de ser la criatura dragón potente, insufrible, incontrolable, más allá de esta realidad, que realmente eres? Deja de tratar de hacerte controlable a través del peso que estás eligiendo.

Si eres delgado, eso es sólo un punto de vista. Si estás gordo, eso es solo un punto de vista.

¿Cómo sería si pudieras desprenderte de toda la necesidad de esos puntos de vista y comenzaras a disfrutar sin importar cómo sea el cuerpo que tengas en este mismo segundo, sin tener que esperar a alcanzar alguna meta lejana y sin tener que aferrarte a algún "problema corporal" para hacer que todos a tu alrededor se sientan más cómodos?

Y, ya que preguntamos, ¿estas personas realmente se sienten cómodas? ¿Las personas que te exigen que bajes el tono realmente se sentirán felices si te haces lo suficientemente pequeño como para que no se sientan amenazadas? ¿Y si no importara lo que te exigen? ¿Y si pudieras empezar a disfrutar de tu cuerpo y de tu vida, a tener tu propio cuerpo y tu propia vida, pase lo que pase?

¿Qué se requiere para que todos nos acerquemos a nuestro cuerpo de una manera completamente diferente?

¿Qué te gustaría elegir con tu cuerpo ahora?

PREGUNTAS PARA JUGAR

¿Qué sabes tú?
¿Qué te gustaría elegir?

¿Qué es lo que has decidido que debes superar antes de que puedas tener facilidad con tu peso, antes de poder aceptarlo?

¿Qué es lo que has decidido que debe superar antes de tener el peso que tú o tu cuerpo desean?

¿Dónde estás usando tu peso como "tu tema" en donde tienes que poner tu energía y en lo que tienes que concentrarte porque una vez superado eso, todo mejorará?

¿Qué significa "superar" tu peso? Es como un espejismo, donde a medida que te mueves, también lo hace tu destino. ¿Superar tu peso es siquiera posible?

Si el peso o tu cuerpo de alguna manera es "tu tema", pregunta:

¿Es esto "tu tema" para distraerte de simplemente ser feliz?

¿Es esto "tu tema" porque te hace ser llevadero?

¿Es esto "tu tema" para hacer sentir mejor a los demás?

¿Esto te permite tener un problema, como todos los demás?

¿Y si no tuviera que ser una tema en absoluto? Entonces, ¿cómo sería tu vida?

El espejo

¿Qué ves cuando te miras al espejo? ¿Cuánto has aprendido a verte a través de los ojos del juicio?

¿Qué hay realmente cuando te miras al espejo? ¿Qué hay más allá de los juicios? Nuevamente, los juicios son simplemente puntos de vista. No son la verdad absoluta y no son la única lente a través de la cual puedes percibir tu cuerpo.

Las sociedades en las que vivimos se basan en gran medida en el juicio. En todas partes crees que estás viendo tu cuerpo, pero solo estás viendo los juicios de tu cuerpo, es donde te estás manteniendo atrapado en todo lo que la sociedad ha decidido que es acertado, equivocado, bueno, malo o lo que debe o no debe ser.

Desafortunadamente, todos hemos aprendido a vernos con los ojos del juicio. Pero ¿qué más es realmente posible? ¿Dónde los juicios que tienes de tu cuerpo, los juicios que otras personas tienen de sus cuerpos y los juicios que otras personas tienen de tu cuerpo son más verdaderos que tu elección de crear tu cuerpo? ¿Estarías dispuesto a ser consciente de todos esos juicios y aún así saber y recibir el regalo que es y puede ser tu cuerpo?

¿Qué se requeriría para que te deshagas de cada filtro y velo a través del cual ves a tu cuerpo? ¿Cómo sería si pudieras ver tu cuerpo a través de los ojos del no juicio, a través de los ojos del cariño, de la amabilidad y la gratitud?

Y, de nuevo, ¿qué pasaría si no tienes que hacer lo que hacen todos los demás con sus cuerpos? ¿Y si el juicio no fuera lo primero a lo que acudir? ¿Qué pasaría si, en lugar de definir inmediatamente tus "defectos", pudieras preguntarle a tu cuerpo qué te está mostrando? De modo que cuando veas tu estómago o cualquier otra parte de tu cuerpo, no vayas inmediatamente a "Está demasiado gordo" y en lugar de eso, digas: "Oye estómago. ¿Cómo estás? ¿Qué está pasando? ¿Qué me estás mostrando? ¿Qué podemos crear juntos?".

Quizá comiences a notar que hay todo tipo de cosas

que hemos aprendido que se supone que debemos desear con nuestros cuerpos. Se supone que debemos querer un vientre plano o un determinado tamaño de pecho o trasero. Pero, ¿alguna vez te has tomado un momento para saber qué es lo que realmente deseas?

¿Qué crees que deseas, que ni siquiera deseas, que no te preguntas si lo deseas, que te mantiene en la mentira de que lo deseas? O, más simple ¿qué es lo que verdaderamente deseas con tu cuerpo? Y, más que cualquier otra cosa, ¿qué desea tu cuerpo?

Quiero decir, verdaderamente, lo que hemos aprendido a desear puede que no tenga nada que ver con lo que realmente sería divertido para nosotros. Si vas a la India o África y estás flaco, la gente piensa que estás enfermo. Te dirán: "¡No estás comiendo lo suficiente!". Y querrán rellenar tu cara, porque deberías estar un poco gordito. Estar gordito es ser feliz. Estar gordito es ser rico. Cuando estás flaco, eres pobre y patético.

En el oeste, tienes que estar delgado para ser hermoso. Y si estás un poco más que delgado, estás gordo. Incluso un poco de grasa es demasiado. Flaco, gordito, gordo: todo está lleno de juicio. Si pudieras llegar a un lugar en el que nada estuviera bien o mal, ni verdadero ni falso, ¿de qué podrías estar consciente? ¿Cómo desea verse tu cuerpo?

¿Te atreves a hacer esa pregunta? ¿O no confías en que tu cuerpo te pueda decir realmente lo que desea? O, incluso ¿no confías que saber y crear con tu cuerpo podría ser gozoso para ti?

Cuerpo, ¿qué nuevas alegrías y aventuras están disponibles hoy?

PREGUNTAS PARA JUGAR

¿Qué sabes tú?
¿Qué te gustaría elegir?

Tómate un momento y mírate en el espejo.

¿Qué ves?

¿Qué sentimientos surgen cuando te ves en el espejo?

¿Utilizas alguno de esos sentimientos para demostrar que tú o tu cuerpo son un desastre de alguna manera?

¿A dónde van tus ojos?

¿Te das cuenta de inmediato de todos los supuestos defectos que has decidido que están mal en tu cuerpo?

Si es así, está presente con todas las energías que surgen.

¿Alguno de esos juicios se originó en ti, o vienen de otras personas?

¿Cuántos juicios "te has puesto" de los demás?

¿Y aún te gustaría mantenerlos, o puedes dejar ir a alguno de ellos ahora?

¿Y si pudieras ver tu cuerpo a través de los ojos de alguien que se preocupa por ti y te adora?

¿Serías tan valiente como para ser así de cariñoso y adorable para ti?

¿Estarías dispuesto a ver las partes de tu cuerpo que adoras, como el color de tu piel, la forma de tus orejas o la alegría en tu sonrisa?

¿Hay alguna forma en la que has dado por sentado el milagro de tu cuerpo y, en cambio, has favorecido el drama de los juicios sobre tu cuerpo?

¿Y si TODO eso está bien? Lo que sea que elijas, ya sea gratitud o juicio, es solo una elección.

En cualquier lugar donde notes juicios, tómate un momento para estar con ellos. Observa la energía que crean y cómo esas energías resuenan en tu cuerpo.

Nota la energía que crea cualquier pizca de gratitud y/o aprecio por tu cuerpo.

¿Cómo resuena eso en tu cuerpo?

¿Qué energías te gustaría invitar a vivir con tu cuerpo?

Más allá de todo sentido de lo acertado y lo equivocado, o debería y no debería, ¿qué pasaría si simplemente pudieras elegir jugar con las energías con las que te gustaría jugar?

Cuando notas juicios, no tienes que creértelos. Simplemente puedes estar presente con ellos y saber que tienes la libertad de aferrarte a ellos o dejarlos ir.

¿Qué pasaría si mirarte en un espejo pudiera ser una oportunidad para ver algo increíblemente único y milagroso hoy?

(Después de todo, nunca ha habido otro TÚ).

Para quién estás creando tu cuerpo?

Una vez estaba hablando con una mujer que me contó algo de lo que se había dado cuenta recientemente con su cuerpo. A su padre le gustaba que las mujeres fueran un poco gorditas. Aunque su madre y su padre todavía estaban casados, su madre ya no estaba realmente disponible para su padre como esposa. Entonces, esta mujer había comenzado a formar su cuerpo de la manera que le gustaba a su padre, para ser eso para él.

¡¿No es asombroso?!

¿Qué forma de cuerpo estás usando para complacer a las personas en tu vida? ¿Cuáles son las necesidades que percibes en el mundo de los demás? ¿Estás tratando de satisfacer las supuestas necesidades de otras personas a través del tamaño corporal que requieren y desean, en lugar de ver lo que tú requieres y deseas?

Otras personas han reportado que se criaron en un hogar donde sus madres eran extremadamente competitivas físicamente con ellas, comparando constantemente sus cuerpos y juzgando quién era la más atractiva. He conocido mujeres que rechazan las energías sexuales de su cuerpo para que sus madres se sientan más cómodas. Esta es solo la punta del iceberg con las formas en que realmente creamos nuestro cuerpo para las personas que nos rodean.

¿Intentas, de alguna manera, hacerte deseable para alguien con quien ni siquiera deseas tener una relación? E incluso si desearas esa relación, ¿qué pasaría si no tuvieras que ajustar la forma o el tamaño de tu cuerpo? ¿Estás rechazando las posibilidades de que tu cuerpo complazca a otra persona?

PREGUNTAS PARA JUGAR

¿Qué sabes tú?
¿Qué te gustaría elegir?

¿Dónde estás complaciendo a uno o ambos de tus padres con la forma de cuerpo que estás eligiendo?

¿Dónde estás complaciendo a tus amigos o a la sociedad con la forma de cuerpo que estás eligiendo?

Y, a fin de cuentas, ¿están complacidos con lo que estás eligiendo?

¿A quién estás reemplazando con el cuerpo que estás eligiendo?

¿Has asumido el papel de madre, padre, tía, tío, abuela, abuelo, amante, amigo o confidente?

¿Qué eres para todos sin ser nada para ti?

¿Qué trabajos has asumido que no necesitan ser tuyos?

¿Podrías despedirte de cualquier rol que hayas asumido?

¿Te permitirías soltar todas y cada una de las formas corporales, tallas o tamaños que hayas elegido para que coincidan con lo que otras personas desean, en lugar de ser quien te gustaría ser?

¿Quién estás siendo, que si no tuvieras que ser esa persona, te podrías permitir ser tú?

Esconderse

Tómate un momento y está presente con cualquier cosa que desees ocultar. ¿Estás usando tu peso, la forma de tu cuerpo o tu tamaño para esconderte? ¿Y cuánta energía estás utilizando para ocultarte? ¿Dónde te escondes del mundo usando los juicios del mundo?

Con demasiada frecuencia pensamos que debemos escondernos porque hemos decidido que hay algo que no está del todo bien en nosotros. Escondemos lo más diferente de nosotros. Pero, ¿y si esa diferencia es un regalo brillante que le estamos negando a todos?

¿Qué tal que has gastado toda esta energía juzgando y reprimiendo la magnificencia de ti y de tu cuerpo que el mundo anhela?

En verdad, ¿qué has decidido esconder como si fuera

tan erróneo, malo, terrible y espantoso en ti que es en realidad tu brillantez que podría iluminar el mundo?

Cuando te pierdes en lo acertado y lo equivocado de ti, todo lo que estás haciendo es dedicar tu energía a juzgar. Cada persona diferente podría llegar a un juicio diferente. No existe un bien o un mal definitivo en el que todos estén de acuerdo. En última instancia, el juicio es simplemente una invención que la sociedad ha ideado para determinar qué debe o no elegir la gente. El hecho de aceptar esos juicios no hace más que convertirte en un partidario de la misma sociedad que te limita.

Más allá de eso, cuando te escondes a través de tu peso, forma y tamaño mientras lo cargas simultáneamente con la energía del juicio, ¡te hace realmente visible! Los juicios se vuelven como letreros de neón que invitan aún más juicios.

Entonces, pregúntate, ¿cuánta energía estás utilizando para esconderte de ti mismo? ¿Cuánta energía estás usando para esconderte de la vida que realmente te gustaría crear? Por ejemplo, si te juzgas demasiado gordo, demasiado alto o feo, ¿te permites subir al escenario y cantar como siempre quisiste? ¿Te permites interactuar con todas las personas que te gustaría? ¿O usas tu cuerpo como razón y justificación para no elegir lo que realmente podría traer más alegría a tu mundo?

¡Este es uno grande y astuto! Después de todo, cuando eliges esconder algo sobre ti, puede que empieces a esconderlo incluso de ti mismo.

Entonces, profundicemos.

PREGUNTAS PARA JUGAR

¿Qué sabes tú?
¿Qué te gustaría elegir?

¿Hay algún lugar en el que estés usando tu cuerpo para esconder tu brillantez de ti para que no puedas acceder a esa brillantez? Si no hubiera nada que esconder, ¿qué crearías con tu cuerpo? ¿Qué podrías descubrir? ¿Qué hay realmente disponible ahora si comienzas a elegirte: tu brillantez, tu genio y tu magnificencia?

¿Qué luz has mantenido tenue o incluso apagada que ahora puedes permitir que se encienda realmente y que brille? Déjate ser ese faro de luz. Deje que tu cuerpo sea esa posibilidad de encarnación gozosa que está disponible para ti si simplemente lo eliges.

Por un momento, me gustaría que recordaras cuando tenías 2 horas de vida. Recuerdas la energía que estaban siendo tú y tu cuerpo. ¿De qué posibilidad con tu cuerpo eras consciente? ¿Qué gozo estaba disponible para ti entonces? ¿Qué descubrimientos tuviste con tu cuerpo? ¿Qué exploración de los movimientos de los dedos de los pies, los sonidos, los olores y las posibilidades milagrosas estaban disponibles para ti entonces? ¿Qué elecciones hiciste para estar con este cuerpo y esta vida? ¿Y qué se requeriría para que elijas en este momento tener aún mayor claridad, consciencia y presencia con tu cuerpo y esta vida que estás creando?

¿Estarías dispuesto a hacer la elección de dejar de esconderte y explorar qué más es posible para ti con este cuerpo?

¿Tu cuerpo necesita cambiar?

¿Y si realmente estás bien como estás?

¿Y si no tienes que bajar de peso?

¿Y si no tienes que cambiar tu forma o tamaño?

¿Y si no hay nada erróneo en ti?

¿Sabrías siquiera qué hacer contigo mismo si ya no tuvieras nada que juzgar sobre ti?

Estaba hablando con algunos clientes sobre esto y les voló la cabeza.

"¡¿Qué?!" dijeron. "Por supuesto que tengo que bajar de peso debido a mis problemas de salud".

Bueno. Pero ¿y si no tiene que ser exactamente así?

¿Dónde has decidido que dos cosas están causalmente relacionadas que podrían no estarlo? ¿Y si lo que afecta a tu cuerpo y a tu mundo es la energía de las decisiones, las conclusiones y los juicios a los que te aferras? ¿Has decidido que tu peso está relacionado con tu salud, y si no pierdes peso, tus problemas de salud no cambiarán? ¿Podría ser eso lo que mantiene vivos ambas cuestiones?

A muchas, muchas personas sus médicos y el mundo médico les han dicho que el peso les hace mal y es la causa de muchos problemas. Pero ¿y si eso no es exactamente cómo les ocurrirá a todos y cada uno de ustedes? ¿Has hecho conclusiones sobre tu salud? ¿Has creado alguna causalidad entre el peso y la salud que no sea realmente cierta para ti y tu cuerpo?

Ahora, entiendo que esto puede ir en contra de la forma en que has estado viendo tu cuerpo. Lo que te estoy pidiendo es que hagas estas preguntas para tu propia consciencia. Permítete notar todo lo que surge cuando haces estas preguntas: las irritaciones, la confusión, la felicidad o lo que sea. Cualquier energía de la que te des cuenta que no te hace la vida más gozosa, simplemente relájate y déjala ir. Esto no significa ignorar las señales que te está dando tu cuerpo. Es simplemente una oportunidad para que dejes ir la carga alrededor de todo eso. Después de todo, ¿cuál es el valor de tener un peso con el que no estás feliz, tener problemas de salud y estar desanimado en general?

¿Qué pasaría si empezaras a soltar la tensión energética que rodea a todo esto?

¿Contribuiría eso a disfrutar de tu cuerpo?

¿Estarías dispuesto a dejar ir todos los sentimientos de que algo está mal contigo y seguir adelante desde allí, para crear con tu consciencia lo que traería el mayor gozo a tu mundo… de inmediato?

Vivir y morir

A lo largo de los años que he trabajado con personas, he descubierto a menudo que las preguntas aparentemente más extrañas pueden llegar al meollo de la situación. La clave para poder trabajar con la información que surge es elegir soltar todos los juicios. El juicio no crea. El juicio destruye las posibilidades y toda consciencia que no coincida con ese juicio en particular.

Si deseas descubrir las energías, elecciones y decisiones inesperadas que podrías utilizar para crear tu cuerpo y tu vida, recuerda reconocer y luego simplemente dejar de lado todos y cada uno de los juicios. Al igual que con todas las preguntas que hemos estado explorando en este libro, permitir que tu mente se relaje y dejar que tu cuerpo y tu consciencia energética se hagan cargo, puede darte una sensación totalmente diferente de lo que te sucede.

Y así llegamos al tema de vivir y morir.

¿Qué elecciones has hecho para vivir y morir con tu cuerpo y a través de él? ¿Estarías dispuesto a dar una mirada vulnerable a este tema un tanto tabú?

¿Hay alguna forma en que has usado tu cuerpo para medir tu derecho a estar aquí? ¿Hay algún punto en el que te mides para estar seguro de tener la razón, para tener permiso de vivir? O, ¿hay algún lugar en el que ya has determinado y decidido que simplemente no encajas, y ni siquiera te gusta este mundo, así que simplemente dirás "que se joda todo" muriendo?

¿Dónde no te permites vivir porque los estándares de este mundo no funcionan para ti?

¿De verdad deseas vivir?

Si eso es un no ¿qué facilidad, gozo y gloria puedes elegir para ser consciente de todo eso y crear desde donde realmente ESTÁS, en lugar de donde crees que "se supone" que debes estar, con las respuestas que "se supone que" debes tener? Si estás funcionando desde el punto de vista energético de "este mundo es un dolor y la única manera de lidiar con él parece ser dejarlo o evitarlo", permítete reconocer que eso es lo que te pasa. No puedes cambiar lo que te ocultas a ti mismo.

Si empiezas a vivir de verdad haciendo preguntas, en lugar de llegar a conclusiones, ¿hasta qué punto podrías elegir entre vivir o morir? ¿Y si, después de todo, la muerte es solo muerte? Es solo una elección. No es algo malo. No es algo bueno. Es solo una posibilidad entre muchas.

¿Has permitido que tus juicios y tus conclusiones limiten tu consciencia de qué más es realmente posible para ti?

¿Hay algún lugar en el que no te permites disfrutar de la creación de vivir con tu cuerpo que es realmente posible para ti? ¿Hay algún lugar en el que estés usando tu cuerpo para destruir en lugar de crear? ¿Has visto tu cuerpo como algo inconsciente que debes destruir?

¿Has estado usando tu peso para "evitar el peso" de la vida y de vivir? ¿Qué opciones están disponibles para que ya no tengas que medirte o usar tu peso para destruirte?

Si comenzaras a hacerle más preguntas a tu cuerpo, ¿cuánto comerías realmente? ¿Dónde estás llenando tu cuerpo o privando a tu cuerpo para llevarte a la muerte que has decidido que es tu única elección en este mundo?

¿Y si eso no fuera cierto? ¿Y si hay muchas opciones que simplemente aún no has explorado? ¿Estarías dispuesto a utilizar tus capacidades creativas y destructivas de una manera diferente? ¿Dónde eliminas las posibilidades cuando podrías eliminar las mentiras, las limitaciones y los juicios? ¿Qué te gustaría elegir ahora?

¿Y ahora qué?

Aquí estás. Armado con muchas preguntas, te has embarcado en este viaje de creación con tu cuerpo.

¿Qué descubrimientos interesantes e inesperados has hecho? ¿Has notado algún cambio? ¿Has pasado por estas preguntas, buscando las respuestas acertadas, buenas y perfectas? ¿Has notado alguna liberación de juicios? Dondequiera que estés ahora, sabe que esta aventura de la encarnación es obra tuya.

Las preguntas y discusiones en este libro constituyen una invitación para que utilices las energías que has empleado para juzgarte y condenarte a ti y a tu cuerpo, y dirijas todo el impulso hacia la exploración de lo que sería divertido para ti, lo que sería delicioso para ti, y lo que traería una sonrisa cada vez más grande a tu rostro.

Gracias por ser lo suficientemente valiente como para salir del camino trillado de lo acertado y lo equivocado de tener un cuerpo. Tu elección de ser diferente en todas y cada una de las formas que elijas puede ser una fuente de posibilidades para que otros en el mundo elijan el camino que les funcione. ¡Qué regalo!

Ahora, sal y disfruta de tu cuerpo.

Te desafío a que lo hagas.

¿Quieres Más?

Este libro no podría haber surgido sin el gran regalo y recurso que es Access Consciousness®. A lo largo de los años, Access Consciousness ha buscado empoderar a las personas a "saber que saben".

Abordando todo en la vida desde las preguntas de "¿Qué más es posible?" y "¿Cómo puede mejorar esto?" ha llevado a personas de todo el mundo a cambiar todas las áreas de sus vidas de maneras que realmente les traigan facilidad, gozo y gloria (siendo gloria una expresión exuberante de abundancia).

Si este libro te ha inspirado a buscar algo más grande, o si siempre has sabido que algo más debe ser posible, debes saber que hay un enorme espacio disponible, lleno de herramientas y técnicas para explorar el conocimiento de ti mismo y del mundo que te rodea.

Dirígete al sitio web de Access Consciousness para encontrar más libros, videos, clases y facilitadores en todo el mundo en www.accessconsciousness.com

Solo ten cuidado. Podrías ponerte increíblemente feliz.

Sobre el Autor

Kalpana Raghuraman nació en los Países Bajos de padres del sur de la India, quienes la nutrieron para que sintiera curiosidad por "el universo" y el potencial humano. Estos años como niña realmente sentaron las bases que le permitieron ser, y hasta el día de hoy permanecer, curiosa por aquello que va más allá, y ser una buscadora de más de lo que este mundo dice que es posible. Ella sabe que la consciencia es poderosa y mágica y siempre contribuye a aquellos que están dispuestos a recibir.

Habiendo aprendido Bharatanatyam (danza clásica del sur de la India) de su madre, quien fue una de las primeras en dirigir una escuela de danza en los Países Bajos, Kalpana siempre ha tenido afinidad con los cuerpos. Access Consciousness le dio acceso a la claridad con sus propias capacidades y consciencia con los cuerpos. Como facilitadora de la clase de 3-Días de Cuerpo y coreógrafa, puede compartir muchos de estos talentos con el mundo. La lucha con la forma, el peso y el tamaño del cuerpo es algo que encontró mucho en el campo de la danza, así como con los participantes en sus clases. Con Tú y Tu Cuerpo, ella espera crear más consciencia, más claridad, más paz y definitivamente más gozo para las personas con sus cuerpos.

Kalpana es Facilitadora Certificada de Access Consciousness con un negocio global que la lleva por todo el mundo, y también coreógrafa y directora artística de su compañía de danza Kalpanarts. Para obtener más información sobre Kalpana y su trabajo, visita:

Website: kalpanaraghuraman.com
Facebook: @kalpana.raghuraman
Instagram: @kalpana_raghuraman

www.ingramcontent.com/pod-product-compliance
Lightning Source LLC
LaVergne TN
LVHW030216230826
846093LV00010B/487

* 9 7 8 1 6 3 4 9 3 6 8 2 8 *